INVENTAIRE
V 35714

AF384147

THÉORIES NOUVELLES

DE LA DIVISION

ET DES

EXTRACTIONS DE RACINES,

A L'USAGE

DES CANDIDATS AUX ÉCOLES DU GOUVERNEMENT, AUX BACCALAURÉATS
ÈS SCIENCES ET ÈS LETTRES;

Par M. Chevillard,

Ancien Élève de l'École Polytechnique.

PARIS,

BACHELIER, IMPRIMEUR-LIBRAIRE

DE L'ÉCOLE POLYTECHNIQUE, DU BUREAU DES LONGITUDES, ETC.,

QUAI DES AUGUSTINS, N° 55.

1843.

34714

THÉORIES NOUVELLES

DE LA DIVISION

ET DES

EXTRACTIONS DE RACINES.

IMPRIMERIE DE BACHELIER,
rue du Jardinet, n° 12.

THÉORIES NOUVELLES

DE LA DIVISION

ET DES

EXTRACTIONS DE RACINES,

A L'USAGE

DES CANDIDATS AUX ÉCOLES DU GOUVERNEMENT, AUX BACCALAURÉATS
ÈS SCIENCES ET ÈS LETTRES;

Par M. Chevillard,

Ancien Élève de l'École Polytechnique.

BIBLIOTHEQUE

PARIS,

BACHELIER, IMPRIMEUR-LIBRAIRE

DE L'ÉCOLE POLYTECHNIQUE, DU BUREAU DES LONGITUDES, ETC.,

QUAI DES AUGUSTINS, N° 55.

1843.

AVERTISSEMENT.

En réunissant les théories des trois opérations importantes sur la décomposition des nombres entiers, j'ai voulu être utile, dès le début de leurs études, aux jeunes gens qui ont à subir des épreuves difficiles, et aussi à tous ceux qui ne se contentent pas du mécanisme des calculs. Dans les arithmétiques connues, le sujet quoique très-élémentaire, n'est pas analysé suffisamment, surtout pour les racines. Ce n'est qu'en examinant séparément toutes les circonstances dont la réunion compose le nombre à traiter par division ou extraction de racine, qu'on peut sentir convenablement la portée de chaque calcul. C'est ce que j'ai cherché à faire, en évitant néanmoins la prolixité qui, comme l'excès de concision, conduit à l'obscurité. Les théories des trois premières règles, addition, soustraction et multiplication, sont les seules connaissances nécessaires à l'intelligence de cet opuscule; en les y joignant, on aura un traité complet des opérations du calcul numérique des nombres entiers.

$2 + 3$ *se lit* 2 plus 3.

$5 - 2$ 5 moins 2.

3×4 ou $3 . 4$ 3 multiplié par 4, ou 4 fois 3, ou 3 fois 4.

$15 : 5$, ou $\dfrac{15}{5}$ 15 divisé par 5.

$3 = 1 + 1 + 1$ 3 égale 1 plus 1 plus 1.

$4 > 2$ 4 plus grand que 2.

$3 < 4$ 3 plus petit que 4.

Une lettre se met à la place d'un chiffre inconnu pour le désigner dans le raisonnement, sans employer de périphrase ou de chiffre fictif.

THÉORIES NOUVELLES

DE LA DIVISION

ET DES

EXTRACTIONS DE RACINES.

THÉORIE DE LA DIVISION DES NOMBRES ENTIERS.

1. La division des nombres entiers est une opération qui a pour but de *trouver un nombre entier nommé quotient qui exprime combien de fois un nombre donné nommé dividende contient un nombre donné nommé diviseur.*

Il résulte de là, que pour diviser un nombre par un autre, on retranchera celui-ci du premier autant de fois que possible et le nombre des soustractions effectuées représentera le quotient. Il arrivera toujours qu'après ces soustractions, le dividende se trouve entièrement épuisé, ou bien laisse un reste nécessairement moindre que le diviseur. Dans le premier cas, le dividende sera égal à autant de fois le diviseur qu'il y a d'unités au quotient; en d'autres termes, le dividende sera égal au produit du diviseur par le quotient. Dans le second cas, le dividende sera égal au diviseur répété autant de fois qu'il y a d'unités au quotient, plus le reste. Ainsi, pour diviser 27 par 9, on trouve $27 - 9 = 18$, $18 - 9 = 9$, $9 - 9 = 0$; donc 27 contient 9 trois fois et l'on a $27 = 9 \times 3$. De même, pour diviser 32 par 7, on trouve $32 - 7 = 25$, $25 - 7 = 18$, $18 - 7 = 11$, $11 - 7 = 4$ qui est moindre que le diviseur ; donc 32 contient 7 quatre fois et il reste 4 , ou $32 = 7 \times 4 + 4$.

2. Deux cas sont à distinguer dans la division quand on veut éviter l'emploi des soustractions successives convenable seulement si le dividende et le diviseur sont de très-petits nombres. Lorsque le diviseur n'a qu'un chiffre et que le dividende est moindre que dix fois le diviseur, le quotient n'a évidemment qu'un chiffre que la table de Pythagore fera trouver. Par exemple, pour diviser 78 par 8, j'observe que 78 étant moindre que $8 \times 10 = 80$, le quotient n'a qu'un chiffre, et comme la table contient tous les multiples de 8 jusqu'à 80 croissant successivement par huitaines, on cherchera le multiple approchant le plus par défaut de 78. C'est $72 = 8 \times 9$, et puisque $78 - 72 = 6$, on voit que 78 contient 8 neuf fois avec le reste 6 , ce qu'exprime $78 = 8 \times 9 + 6$.

Cas général de la division.

3. Soit en second lieu, à diviser l'un par l'autre, deux nombres entiers quelconques. Pour déterminer le nombre de chiffres du quotient, il suffit de *prendre sur la gauche du dividende assez de chiffres pour que le diviseur y soit contenu moins de dix fois ; l'ordre du dernier chiffre de la partie séparée à gauche est le même que celui des plus hautes unités du quotient.* Pour démontrer ce procédé commode, supposons trois chiffres m, n, p au diviseur et six chiffres

Recherches du nombre de chiffres du quotient.

a, b, c, d, e, f au dividende. On a nécessairement $mnp \lessgtr abc$.

Si l'on a $mnp \lessgtr abc$, il y aura quatre chiffres au quotient, la séparation prescrite donnant à la partie séparée à gauche

abc, le rang du quatrième ordre. En effet, de $mnp \leqq abc$, on conclut $mnp\text{ooo} \leqq abcdef < mnp\text{ooo}$; le dividende étant compris entre $mnp \times 100$ et $mnp \times 1000$ ne peut contenir mnp 10000 fois, ni moins de 1000 fois; donc le quotient qui indique cette contenance est compris entre 10000 et 1000 et a quatre chiffres. Si l'on a au contraire, $mnp > abc$, il y aura trois chiffres au quotient, la séparation du dividende laissant à gauche la partie $abcd$ où d est du troisième ordre; car on conclut de $mnp > abc$, $mnp\text{ooo} > abcdef > mnp\text{oo}$, de sorte que le dividende étant compris entre $mnp \times 1000$ et $mnp \times 100$, contient le diviseur plus de 100 fois et moins de 1000 fois; ainsi le quotient est compris entre 1000 et 100 et a trois chiffres.

4. Ayant ainsi trouvé simplement dans tous les cas le nombre de chiffres du quotient, on doit ensuite les déterminer séparément. Pour fixer les idées prenons le dividende 1 864 844 et le diviseur 2923. D'après ce qui précède, le quotient aura trois chiffres que je désignerai par g, h, i. Cherchons d'abord le chiffre g des centaines. D'après la définition (1), le dividende 1 864 844 provient du produit $2923 \times ghi$ augmenté du reste qui est moindre que 2923 et le calcul de cette formation peut se représenter comme ci-dessous, ce qui montre bien les origines respectives des différentes parties du dividende.

Division qui doit fournir le premier chiffre du quotient.

$$
\begin{array}{l}
\quad 2923 \\
\quad\ ghi \\
\hline
\dots\ \text{produit par } i. \\
\dots\ \qquad\quad \text{par } h. \\
\dots\ \qquad\quad \text{par } g. \\
\text{Reste} \\
\hline
1864844 \ \big|\ \underline{2923} \\
\qquad\qquad\ ghi
\end{array}
$$

Nous indiquerons encore ce calcul en écrivant

$$1\,864\,844 = 2923 \times i + 2923 \times ho + 2923 \times goo + r,$$

r étant un nombre moindre que 2923 ; ou bien

$$1\,864\,844 = 2923 \times hi + 2923 \times goo + r,$$

ce qui prouve que $18648 = 2923 \times g +$ les chiffres des centaines provenant de $2923 \times hi + r$; ce qu'on voit très-bien encore par le tableau de la multiplication déjà cité. Or

$$2923 \times hi + r < 2923 \times 99 + 2923 = 292300 ;$$

ainsi les centaines provenant de $2923 \times hi + r$ ne valent pas le nombre 2923. On voit donc enfin que 18648 contient 2923 g fois, plus un reste moindre que 2923, en sorte que g est le quotient de 18648 par 2923. Nous dirons donc que *le premier chiffre du quotient s'obtient en divisant par le diviseur la partie séparée vers la gauche du dividende.*

Calcul
de cette
division.

5. Cherchons à effectuer cette nouvelle division.

$$
\begin{array}{c|c}
18648 & 2923 \\
\hline
 & g
\end{array}
$$

Son quotient n'a qu'un chiffre g et l'on sait que

$$18648 = 2923 \times g + r',$$

r' étant un nombre moindre que 2923, représentant les chiffres des centaines qu'ajoutent au produit $2923 \times goo$ dans la formation du dividende total, les produits..... $2923 \times ho$, $2923 \times i$ et le reste r. On peut écrire en séparant les produits partiels

$$18648 = 2000 \times g + 900 \times g + 20 \times g + 3 \times g + r'$$

ou

$$18648 = 2000 \times g + 923 \times g + r'.$$

Il en résulte que $18 = 2 \times g +$ les chiffres des mille provenant de $923 \times g + r'$. Si ces mille de retenue ne valaient pas 2, 18 contiendrait $2\,g$ fois et pas une fois de plus, de sorte qu'en divisant 18 par 2 (2), on trouverait $g = 9$. Mais au contraire, on va voir que ces retenues peuvent atteindre ou dépasser 2. En effet, ces retenues ne sont pas moindres que celles que fournit $900 \times g$; or on sait (multiplication) que le produit de deux chiffres $9 \times g$ donne des retenues toujours moindres que 9 et que g, mais on voit bien que ces retenues atteindraient ou dépasseraient 2 si g était 3 ou 4, 5, 6, 7, 8, 9. Ainsi à fortiori les mille de retenue provenant de $923 \times g$ peuvent bien dépasser 2, mais même les mille de r' peuvent être 2, car r' qui est moindre que 2923, pourrait être 2922, et enfin les mille de $923 \times g$ ou de r' pourraient séparément être moindres que 2, que leur somme pourrait encore atteindre 2. En résumé $18 = 2 \times g +$ des chiffres de mille qui peuvent être moindres que 2, ou bien égaler ou dépasser 2. Il en résulte que 18 contient 2 au moins g fois mais peut-être plus de g fois. Néanmoins, pour trouver le chiffre g, on divisera 18 par 2 (2), et en général, *pour trouver le chiffre des plus hautes unités du quotient, on divisera par le premier chiffre du diviseur les unités de même ordre du premier dividende partiel.* Le quotient, qui pourra toujours s'obtenir à l'aide de la table de Pythagore, puisque diviseur et quotient n'ont qu'un chiffre (2), donnera g ou un chiffre plus fort. Pour s'en assurer, on multipliera le diviseur 2923 par le chiffre trouvé et si celui-ci est trop fort, le produit dépassera le dividende partiel 18648 et ne pourra s'en retrancher. On diminuera le chiffre essayé de 1, on recommencera le produit et sa soustraction jusqu'à ce que celle-ci réussisse et

le dernier chiffre essayé sera g. Quant à l'exécution de
chaque produit et de sa soustraction, on les fera simulta-
nément, pour plus de rapidité, comme il a été indiqué à
la multiplication (*).

$$
\begin{array}{r|l}
18648 & 2923 \\
\cline{2-2}
1110 & 6
\end{array}
$$

18 contient 2 neuf fois. Il est évident que c'est un chiffre
trop fort pour g, car le produit des deux mille du diviseur par 9 donne 18 qui sera augmenté par la retenue des
produits précédents et empêchera la soustraction ; 8 est
aussi trop fort, car $2 \times 8 = 16$; et comme 9×8 donnent 7
de retenue, $16 + 7$ dépassant 18 rendront la soustraction
impossible. 7 est encore trop fort, car $2 \times 7 = 14$,
$9 \times 7 = 63$, $14 + 6$ dépassant 18. Essayons le chiffre 6 ;
$2 \times 6 = 12$ et $9 \times 6 = 54$, $12 + 5 = 17$: on voit qu'il faut
essayer de plus loin le produit du diviseur par 6. En com-
mençant par les unités 3 et retranchant successivement, la
soustraction réussit et donne le reste 1110 qu'on avait appelé r'. On voit maintenant que les premiers chiffres essayés
9, 8, 7 ont été trop forts parceque 18 contient, outre le produit 2×6, les retenues provenant de $923 \times 6 + 1110$,
lesquelles se montent à 6, de sorte que 18 contient 2 g fois
et trois fois de plus par suite des retenues.

6. Pour trouver les autres chiffres h, i du quotient total, on observera que le reste 1110 suivi des chiffres 4, 4
du dividende total, représente le nombre 1110044, qui est ce

(*) On peut supposer résolu à l'article de la multiplication, le problème :
retrancher d'un nombre 18648, le produit 2923×6 dans lequel le multiplicateur n'a qu'un chiffre, en effectuant à la fois la multiplication et la
soustraction.

qui reste quand on a ôté de ce dividende le produit 2923×900. Ainsi, d'après la composition du dividende (4), $111044 = 2923 + hi + r$; et comme $r < 2923$, hi représente le nombre de fois que 111044 contient 2923, de sorte que pour avoir hi, il faudra diviser 111044 par 2923 : le reste sera r.

$$111044 \ \big|\ \overline{2923} \atop hi$$

Cette question étant semblable à la question proposée, on démontrera, comme ci-dessus (3, 4), que, pour avoir les dizaines h, il faut diviser les dizaines 11104 du nouveau dividende par 2923. Si d'ailleurs le deuxième dividende 11104 eût été moindre que 2923, ce qui serait arrivé si le reste $r' = 1110$ n'eût été que 110, alors on aurait eu $11044 < 29230$, et par conséquent le quotient actuel hi n'aurait eu qu'un chiffre i, c'est-à-dire qu'on aurait eu pour les dizaines $h = 0$. Pour avoir h, on divisera seulement, par le premier chiffre 2 du diviseur, les unités de même ordre 11 du deuxième dividende partiel, puisqu'on sait n'être exposé qu'à trouver un quotient trop fort (5), ce que la soustraction postérieure doit indiquer.

Calcul des chiffres qui suivent le premier chiffre du quotient.

$$\begin{array}{r|l} 11104 & 2923 \\ 2335 & 3 \end{array}$$

11 contient 2 cinq fois, et, par des essais successifs pareils à ceux déjà faits (5), on trouve que 3 est le chiffre convenable pour h. Il reste 2335, qui, suivi du chiffre 4, est ce qui reste quand on a ôté du dividende $11104 = 2923 \times hi + r$ le produit $2923 \times ho$. D'après la composition de ce dividende, on a donc

$$23354 = 2923 \times i + r;$$

et comme $r < 2923$, i représente le nombre de fois que

23 354 contient 2923 ; de sorte que pour avoir i, il faudra diviser 23 354 par 2923 : le reste sera r.

$$\begin{array}{r|l} 23354 & 2923 \\ 2893 & \overline{7} \end{array}$$

Cette troisième division se fait comme les précédentes. On divise donc 23 par 2, et l'on trouve, après quelques essais, $i = 7$, $r = 2893$.

Le quotient total ghi est donc 637, et le reste final $r = 2893$.

7. Il s'agit maintenant de dégager le calcul des lenteurs de la théorie pour en conclure le procédé pratique de la division.

$$\begin{array}{r|l} 1864844 & 2923 \\ 11104 & \overline{937} \\ 23354 & \\ 2893 & \end{array}$$

Nous avons vu (3) qu'*on détermine d'abord le nombre de chiffres du quotient en séparant sur la gauche du dividende proposé assez de chiffres pour que le diviseur y soit contenu moins de dix fois, l'ordre des dernières unités de la partie séparée à gauche indiquant celui des plus hautes unités du quotient.* On sépare ainsi 18648, qui sont des centaines, de sorte que le quotient a trois chiffres. On a démontré ensuite (4) que *la division de la partie séparée à gauche par le diviseur, donne le premier chiffre du quotient.* On a vu (5) que, *pour faire cette nouvelle division, il faut diviser par le premier chiffre du diviseur les unités de même ordre du premier dividende partiel, d'après le procédé (2), le chiffre ainsi trouvé ne pouvant être qu'exact ou trop fort, ce qu'on vérifie en retranchant du premier dividende partiel le produit du diviseur par le chiffre essayé (soustraction et multiplication simultanées), et diminuant ce chiffre plusieurs fois successives de 1, s'il le faut, jusqu'à ce que la soustraction réussisse.* On trouve ainsi que 18 contient 2 neuf fois, mais les essais successifs ne permettent que le chiffre 6. Le produit 2923 × 6, retranché du premier dividende partiel 18648, donne pour reste 1110. On a vu (6) que pour avoir le deuxième chiffre du quotient, on divise ce reste, suivi du chiffre suivant 4 (deuxième dividende partiel 11104), par le diviseur, en employant toujours la méthode d'essai (5), ce qui donne le quotient 3 et le deuxième reste 2335 ; que pour avoir le troisième et dernier chiffre, on divise le deuxième reste, suivi du chiffre suivant 4 (troisième dividende partiel 23354), par le diviseur, ce qui donne le quotient 7 et le reste final 2893 ; de sorte que le quotient total cherché est 637. Comme chaque dividende partiel est toujours formé du reste précédent, suivi du chiffre suivant dans le dividende général, on pourra lier entre elles les divisions partielles comme ci-dessus, ce qui évitera de récrire plusieurs fois les mêmes chiffres. Ce résumé conduit donc donc à la règle générale suivante :

Pour diviser un nombre par un autre, écrivez le diviseur à la droite du dividende, séparez-les par un trait vertical, soulignez le diviseur, et vous placerez le quotient au-dessous. Prenez ensuite sur la gauche du dividende assez de chiffres pour que la partie à gauche contienne le diviseur : vous aurez ainsi un premier dividende partiel que vous diviserez par le diviseur, ce qui donnera le chiffre des plus hautes unités du quotient. Du premier dividende partiel soustrayez en l'effectuant le produit du diviseur par le premier chiffre du quotient, et abaissez sur la droite du reste le premier des chiffres séparés à droite dans le dividende. Vous aurez ainsi

un second dividende partiel que vous diviserez par le divi-
seur, ce qui vous donnera le second chiffre du quotient; vous
l'écrirez à droite du premier, et vous agirez sur le second
dividende partiel et sur le second chiffre du quotient, comme
vous avez fait sur le premier dividende partiel et sur le pre-
mier chiffre du quotient. Vous continuerez cette série d'opé-
rations jusqu'à ce que vous ayez abaissé le dernier chiffre du
dividende, en plaçant à chaque opération le quotient obtenu
à droite du précédent. Si l'un des dividendes partiels était
moindre que le diviseur, le quotient total n'aurait pas d'uni-
tés de l'ordre correspondant; on mettrait alors un zéro au
quotient, et l'on abaisserait à droite du dividende partiel le
chiffre suivant du dividende total, puis l'on diviserait ce nou-
veau dividende partiel par le diviseur.

Pour diviser un dividende partiel par le diviseur, il faut
diviser par les plus hautes unités du diviseur les unités du
même ordre de ce dividende partiel. On vérifiera que le quo-
tient ainsi donné n'est pas trop grand, si l'on peut du divi-
dende partiel retrancher en l'effectuant le produit du diviseur
par le chiffre essayé (*).

8. Quand le diviseur n'a qu'un chiffre, on peut faire
rapidement le calcul précédent, en retenant de mémoire
les restes successifs qui n'ont qu'un chiffre. Ainsi, pour
diviser 718942 par 5, on dira, en plaçant le quotient
sous le dividende :

$$\begin{array}{c|c} 718942 & 5 \\ 143788 & \\ 2 & \end{array}$$

7 contient 5 une fois, et il reste 2 qui vaut 20 de l'ordre

(*) Cette règle, qui ne pouvait pas être quelque chose de nouveau, est
extraite d'une des plus récentes arithmétiques.

suivant; 21 contient 5 quatre fois, et il reste 1 qui vaut 10; 18 contient 5 trois fois, et il reste 3; 39 contient 5 sept fois, et il reste 4; 44 contient 5 huit fois, et il reste 4; 42 contient 5 huit fois, et il reste 2. Le quotient total est donc 143788, et le reste 2.

9. A cause de la définition de la division (1), le produit du diviseur par le quotient, augmenté du reste final, doit redonner le dividende proposé. C'est d'après ce principe même qu'on est arrivé à trouver la règle précédente (7), car on a posé d'abord (4)

$$1864844 = 2923 \times i + 2923 \times ho + 2923 \times goo + r$$
$$= 2923 \times ghi + r ;$$

donc, en multipliant le diviseur par le quotient trouvé 637, et ajoutant le reste, on vérifiera, non pas la règle, ce qui serait logiquement absurde, mais l'exactitude de son exécution. Si l'on n'a pas fait de fautes dans ce calcul, ni dans la division proposée, on retrouvera le dividende.

$$
\begin{array}{r}
2923 \\
637 \\
\hline
20461 \\
8769 \\
17538 \\
2893 \\
\hline
2864844
\end{array}
$$

10. La théorie précédente de la division se compose principalement des numéros 3, 4, 5, tout le reste s'en déduisant. On voit que pour arriver à une méthode de calcul (7), on s'est appuyé d'abord sur le but proposé, c'est-à-dire sur la définition (1), et qu'en supposant connus les chiffres du quotient (lesquels ont été à cet effet

désignés par des lettres), on est parvenu, par la décomposition du dividende indiquée à l'aide de ces chiffres, à
trouver le moyen de les obtenir effectivement. La marche
suivie dans ces raisonnements est donc analytique ; car
l'analyse procède toujours en supposant connu le résultat
de la question et examinant comment, d'après la définition, les éléments inconnus sont combinés dans ce résultat
avec les éléments connus, de manière à ce qu'en arrivant
à isoler l'influence partielle de chaque élément inconnu,
on puisse enfin le dégager de la combinaison générale.

Autre théorie
de la
division.

On peut raisonner d'une manière différente. Après avoir
défini la division (1), on posera en précepte la règle pratique (7) ; puis on s'assurera, en réunissant les calculs qui
ont fourni les parties du nombre obtenu par cette règle,
que ce nombre satisfait bien à la condition d'être quotient, c'est-à-dire à la définition. On voit ici que le raisonnement est synthétique et constitue une théorie à
postériori de la division. C'est que la synthèse tend toujours à composer des éléments obtenus suivant des lois
d'essai et par conséquent arbitraires, de manière à former
un tout qui soit démontré ensuite satisfaire au but proposé d'abord. C'est par là que ces lois d'essai se trouvent
justifiées suffisamment et former précepte. L'analyse et la
synthèse sont donc également rigoureuses ; mais sans
parler de la généralité de la première, on comprendra
qu'elle est ordinairement plus commode comme méthode
de recherche, tandis que la synthèse seule n'est au fond
qu'une vérification.

La définition de la division (1) étant posée, le cas de
la division de deux nombres dont le quotient n'a qu'un
chiffre étant connu, et la règle générale de calcul (7)
étant prise pour loi d'essai, pour vérifier l'exactitude
de cette règle, on remarquera qu'on a par le calcul

qu'elle prescrit,

$$
\begin{array}{r|l}
1864844 & 2923 \\
11104 & \overline{637} \\
23354 & \\
2893 & \\
\end{array}
$$

puis, en traduisant ces opérations par des égalités pour abréger le discours, on a

$$18648 = 2923 \times 6 + 1110.$$

Ainsi 6 est le quotient entier de 18648 par 2923, et il reste 1110. En augmentant également chaque membre, on a

$$186484 = 2923 \times 60 + 11104;$$

et comme

$$11104 = 2923 \times 3 + 2335,$$

on a donc

$$186484 = 2923 \times 60 + 2923 \times 3 + 2335$$
$$= 2923 \times 63 + 2335;$$

ce qui montre que 63 est le quotient entier de 186484 par 2923, et qu'il reste 2335. En augmentant également chaque membre, on a encore

$$1864844 = 2923 \times 630 + 23354,$$

et comme

$$23354 = 2923 \times 7 + 2893,$$

on a alors

$$1864844 = 2923 \times 630 + 2923 \times 7 + 2893$$
$$= 2923 \times 637 + 2893.$$

Ainsi, le dividende proposé contient le diviseur 637 fois et un reste 2893. Il est donc démontré que la règle (7) fournit bien le quotient entier et le reste final (*).

(*) Cette théorie convient principalement aux candidats pour le baccalauréat ès lettres.

On peut alors se servir de cette conclusion pour faire la preuve de la division en multipliant le diviseur par le quotient obtenu et ajoutant le reste, puisque la dernière égalité montre qu'on devra retrouver le dividende. Cette égalité se reproduit plusieurs fois pour le dividende total, car

$$1864844 = 2923 \times 630 + 23354 \text{ etc.}$$

Il arrive seulement pour le reste final, qu'il est moindre que le diviseur.

Il faut observer de plus, dans cette démonstration synthétique, que tout quotient partiel ne peut jamais donner qu'un chiffre; car le premier dividende partiel, étant moindre que 29230, ne contient pas le diviseur dix fois, et il donne le premier chiffre du quotient total avec un reste < 2923, puisque ce chiffre exprime combien de fois ce dividende contient le diviseur; le deuxième dividende partiel est donc aussi < 29230, et, ne contenant pas 2923 dix fois, il donne aussi un chiffre au quotient avec un reste < 2923, puisque ce chiffre exprime combien de fois, etc.; et ainsi de suite.

Des essais qui déterminent chaque chiffre du quotient.

11. On a vu que, pour obtenir un chiffre du quotient total, il faut diviser par le premier chiffre du diviseur les unités de même ordre du dividende partiel correspondant (5, 6); que le chiffre ainsi obtenu est ordinairement trop fort, ce qu'on reconnaît à ce que le produit du diviseur par ce chiffre ne peut se retrancher du dividende partiel; mais qu'en diminuant successivement d'une ou de plusieurs unités ce chiffre d'essai, et recommençant à chaque fois les soustractions, on trouve le chiffre exact à la première soustraction qui réussit. Il est d'ailleurs rare que, pour faire ces tentatives, on soit obligé de multiplier le diviseur à partir des unités simples. Les deux

premiers chiffres à gauche suffisent souvent pour plusieurs essais, comme on l'a vu (5). Cependant, pour en diminuer le nombre, lorsque le deuxième chiffre à gauche du diviseur surpassera 5, on augmentera de 1 le premier chiffre du diviseur et celui des unités de même ordre du dividende partiel. Par exemple, ayant à diviser 18648 par 2923, au lieu de chercher combien de fois 18 contient 2, si l'on cherche combien de fois 19 contient 3, on trouve immédiatement le chiffre 6 qui n'a été obtenu autrement qu'après trois essais (5). C'est qu'en effet le diviseur 2923 étant plus près de 3000 que de 2000, il est mieux de prendre 3 au lieu de 2 pour diviseur, et comme un diviseur trop fort diminue le quotient, on prend pour dividende 19; mais il ne faut pas croire que le quotient en soit toujours accru de manière à compenser entièrement la diminution précédente, ce qui rendrait inutile le procédé actuel d'essai, car il est facile de voir que *lorsque, dans une division, on augmente le dividende et le diviseur d'autant d'unités, le quotient est le même, ou plus faible qu'auparavant.* Soient en effet A un dividende, D un diviseur, Q le quotient, R le reste. On aura, d'après le définition de la division,

$$A = D \times Q + R.$$

En désignant par N un nombre quelconque, on aura

$$A + N = D \times Q + R + N = (D + N) \times Q + R + N - N \times Q.$$

Il est évident que le reste $R + N - N \times Q$ n'est égal à R que si Q est égal à 1; mais si Q est plus grand que 1, $R + N - N \times Q$ est moindre que R; et même $N \times Q$ peut dépasser $R + N$, et alors Q doit être diminué par la division. Ainsi, en divisant $A + N$ par $D + N$, on retrouve le quotient Q et le reste R, quand Q est 1;

mais autrement, on retrouve le quotient Q avec un reste moindre que R, ou bien on trouve un quotient moindre que Q.

Plus le deuxième chiffre du diviseur est faible, moins est incertain le chiffre fourni en divisant par le premier chiffre du diviseur les unités de même ordre du dividende partiel ; cela tient à la petitesse des retenues qui entreront probablement alors dans ces unités du dividende partiel (5). Mais si l'on diminue de plus de 1 le chiffre d'essai, ou qu'on emploie tout procédé capable, comme le précédent, de fournir au quotient un chiffre trop faible, on s'apercevra du défaut de ce chiffre à ce que le reste de la soustraction sera plus fort que le diviseur. On augmentera de 1 ce chiffre d'essai, et l'on recommencera à soustraire, etc.

12. On peut encore éviter dans les essais successifs la pose d'un chiffre incertain au quotient en faisant ces essais par la pensée. Soit, en effet, à diviser 18648 par 2923 ; en désignant par g le chiffre du quotient et par r le reste, on a

$$18648 = 2923 \times g + r'.$$

Si, à la place de g, on met un nombre $g + k$ qui le dépasse d'une ou de plusieurs unités, comme $r' < 2923$, on aura

$$18648 = 2923 \times (g + k) - \text{un nombre.}$$

Cela prouve que le quotient de 18648 par g donne 2923 ou un nombre plus grand, mais que le quotient de 18648 par $g + k$ donne un nombre moindre que 2923. On peut donc poser en précepte le procédé suivant, pour la recherche du chiffre que doit fournir la division d'un dividende partiel : *il faut diviser mentalement par le pre-*

anier chiffre du diviseur les unités de même ordre du divi-
dende partiel, ce qui ne peut donner qu'un chiffre trop fort
ou exact (5); pour s'en assurer, on divise mentalement par
ce chiffre le dividende partiel considéré (8). On poursuit ce
calcul tant que les chiffres trouvés par cette division sont
ceux du diviseur, et l'on s'arrête dès qu'on arrive à un chiffre
plus grand ou moindre que le chiffre correspondant du divi-
seur. S'il est plus grand le chiffre d'essai est bon; dans le
cas contraire, le chiffre d'essai est trop grand. On le diminue
de 1 et l'on recommence.

$$
\begin{array}{r|l}
1864844 & 2923 \\
\cline{2-2}
11104 & 637 \\
23354 & \\
2893 & \\
\end{array}
$$

Ainsi, dans la division ci-dessus, on dit, pour avoir le
premier chiffre du quotient qui représente des centaines :
18 : 2 donne 9, j'essaye le chiffre 9 ; 18 contient 9 deux
fois ; 6 contient 9 zéro fois, nombre moindre que 9; 9
est donc trop fort. J'essaye 8; 18 contient 8 deux fois,
et il reste 2 qui valent 20 de l'ordre suivant; 26 contient 8 trois fois, nombre moindre que 9; 8 est donc
trop fort. J'essaye 7 ; 18 contient 7 deux fois, et il reste
4 ; 46 contient 7 six fois, nombre moindre que 9; 7 est
donc trop fort. J'essaye 6; 18 contient 6 trois fois, nombre plus grand que 2; 6 est donc le véritable chiffre. On
fait alors, comme à l'ordinaire, la multiplication et la
soustraction simultanées de 2923 × 6.

Quand l'essai mental précédent donne tous les chiffres
du diviseur, on voit que le chiffre d'épreuve est bon et
que le reste de la division mentale est aussi le reste de la
division partielle à faire. Car, dans la division de 17902
par 2983, l'essai des chiffres 8, 7 montre qu'ils sont trop

forts; l'essai de 6 donne les chiffres du diviseur et le reste
4 : on a donc

$$17902 = 2983 \times 6 + 4,$$

de sorte que 4 est aussi le reste de la division de 17902
par 2983.

13. Enfin, il est mieux d'éviter tout essai quand les
chiffres du diviseur et du quotient sont nombreux. Pour
cela on forme à part les différents produits du diviseur
par 1, 2, 3, 4, 5, 6, 7, 8 et 9. Il est visible qu'on
obtiendra chaque chiffre du quotient en trouvant entre
quels multiples du diviseur le dividende partiel considéré se trouve compris. Ainsi il n'y a que des soustractions successives à effectuer.

14. Il y aurait d'autres considérations à présenter sur
la division, comme celles qui tiennent aux quotients par
défaut ou par excès, aux approximations, etc., et aussi
plusieurs théorèmes importants. Mais ces propriétés ne
doivent être regardées que comme des conséquences de
la *division générale* qui a pour but, *étant donnés deux
nombres, l'un appelé dividende, l'autre diviseur, de trouver
un troisième nombre nommé quotient, tel que le diviseur
multiplié par le quotient reproduise le dividende.* Si l'on ne
peut trouver ce troisième nombre, on sait du moins en
approcher autant qu'on veut. La division des nombres
entiers (1) n'est ordinairement qu'une partie de la division générale; mais cette partie est précisément celle
qui renferme le procédé du calcul, et c'est ce procédé
seulement que j'ai voulu traiter.

J'observerai seulement que le mot multiplié, dans la
division générale, est pris aussi dans son acception générale, que je préciserai en disant que *la multiplication des
nombres entiers est une opération qui a pour but de trouver*

un nombre nommé produit qui contienne autant de fois un nombre donné nommé multiplicande, qu'il y a d'unités dans un nombre entier donné nommé multiplicateur, mais que la multiplication générale est une opération qui a pour but de composer un nombre nommé produit au moyen d'un nombre donné nommé multiplicande, comme on a composé un nombre donné nommé multiplicateur au moyen de l'unité.

Si je n'ai pas présenté tout d'abord la définition de la division générale comme le font beaucoup d'auteurs, c'est qu'elle est fausse ou incommode lorsqu'on ne veut que définir et chercher un quotient entier. Si l'on veut donner par la définition générale le quotient entier de 32 par 7, cette définition sera fausse en ce qu'il n'existe pas d'entier qui, multipliant 7, reproduise 32 ; et si l'on admet la définition générale en observant qu'on ne peut y satisfaire toujours qu'après la notion des fractions, il faut alors faire des restrictions qui laissent l'esprit en suspens jusqu'au moment encore éloigné où l'on pourra les écarter. Tout inconvénient disparaît en ne définissant que ce qu'on veut obtenir immédiatement, sauf à généraliser plus tard.

THÉORIE

DE LA

RACINE CARRÉE ENTIÈRE.

---

15. Le produit d'un nombre par lui-même s'appelle le *carré* de ce nombre. Ainsi les carrés des dix premiers nombres

$$1, \quad 2, \quad 3, \quad 4, \quad 5, \quad 6, \quad 7, \quad 8, \quad 9, \quad 10,$$

sont

$$1, \quad 4, \quad 9, \quad 16, \quad 25, \quad 36, \quad 49, \quad 64, \quad 81, \quad 100.$$

Si nous considérons tout nombre comme formé de dixaines et d'unités, la formation de son carré se fera suivant une loi constante, facile à découvrir ;

$$
\begin{array}{r}
297 \\
297 \\
\hline
49 \\
2030 \\
2030 \\
84100 \\
\hline
88209
\end{array}
$$

car en multipliant 297 par 297, on multipliera d'abord 7 par 7, ensuite 290 par 7, puis 7 par 290, enfin 290 par 290, en sorte que le carré 88209 se composera *du*

carré des unités , du double produit des dizaines par les uni-
tés et du carré des dizaines; ce qu'on peut écrire :

$$\overline{297}^2 = 7^2 + 290 \times 7 \times 2 + \overline{290}^2.$$

De même, en multipliant 27 + 1 par 27 + 1 , on trouvera :

$$(27 + 1)^2 = \overline{27}^2 + 27 \times 2 + 1.$$

Ainsi,

$$\overline{28}^2 - \overline{27}^2 = 27 \times 2 + 1 ;$$

et, en général, *la différence des carrés de deux nombres successifs se compose de deux fois le plus petit nombre plus* 1.
4, 9, ... étant les carrés des nombres 2, 3, ..., réciproquement ceux-ci sont dits racines carrées des premiers. Ainsi *la racine carrée d'un nombre carré est le nombre qui, multiplié par lui-même, reproduit ce nombre carré.* Les racines croissant successivement de 1, mais les carrés croissant successivement de 2 fois chaque racine plus 1, on voit qu'un nombre entier quelconque doit faire partie de la série 1, 4, 9, ... pour avoir une racine carrée entière. Nous disons donc que *la racine carrée entière d'un nombre quelconque est la racine carrée du plus grand carré contenu dans ce nombre.*

16. Il résulte de la définition précédente que, lorsqu'on aura extrait la racine carrée d'un nombre , *le reste obtenu en retranchant du nombre proposé le carré de sa racine , sera toujours plus petit que le double de la racine plus* 1. En effet, ce reste étant la différence entre le nombre proposé et le carré de sa racine, doit être moindre que la différence qui existe entre le carré de la racine et le carré de la racine augmentée de 1, puisque ces deux carrés comprennent entre eux le nombre proposé. Or la différence de ces deux carrés est deux fois la racine plus 1 (15); donc

le reste est moindre que le double de la racine plus 1 ;
et réciproquement, si un nombre se compose d'un carré
plus d'une quantité moindre que le double de la racine
de ce carré plus 1, alors la racine du carré sera celle du
nombre, et la quantité en plus du carré sera le reste de
l'extraction. Tous les cas examinés dans notre théorie
présentent toujours un reste, parce qu'on peut le supposer
nul sans altérer le raisonnement. La circonstance contraire
n'aurait pu amener la même conclusion.

17. On distinguera deux cas dans l'extraction de racine.
Si le nombre proposé est moindre que 100, sa racine est
moindre que 10 ; par conséquent l'inspection des 9 premiers carrés successifs montre quel est le plus grand carré
contenu dans le nombre proposé, et par suite donne sa racine. Ainsi la racine de 59 est 7, parce que les carrés 49
et 64 des nombres 7 et 8 comprennent entre eux le nombre 59. 59 — 49 donne le reste 10, qui est moindre que
$2 \times 7 + 1$, conformément à ce qui a été dit (16).

Cas général de l'extraction de racine carrée. — 18. Soit maintenant à extraire la racine carrée d'un
nombre quelconque 80434. Ce nombre étant plus grand
que 100, sa racine sera plus grande que 10 et aura plus
d'un chiffre. Désignons par A le nombre qui représente
les dizaines, et par c les unités de cette racine ; alors
80434 se composera du carré de cette racine, plus un reste r
moindre que $2 \times Ac + 1$ (16), et l'on aura, d'après la
composition du carré d'un nombre composé de dizaines
et d'unités (15),

$$80434 = \overline{Ac}^2 + r = \overline{Ao}^2 + 2 \times Ao \times c + c^2 + r.$$

Comme $\overline{Ao}^2 = A^2 \times 100$, on conclut que $804 = A^2 + r'$,
r' étant les centaines qui proviennent de $2 \times Ao \times c + c^2 + r$,
comme on le voit bien par la formation du carré (15).

Ainsi 804 contient plus que A^2. Néanmoins, je dis que le plus grand carré contenu dans 804 est précisément A^2. Il suffit pour le démontrer, de faire voir que l'on a $r' < 2 \times A_0 + 1$ (16). En effet, on a évidemment

Recherche du nombre de chiffres de la racine.

$$2 \times A_0 \times c + c^2 + r < 2 \times A_0 \times 9 + 9^2 + 2 \times A_9 + 1,$$

car $r < 2 \times Ac + 1$, et c est au plus 9 ; ou bien, ce qui est la même chose ,

$$2 \times A_0 \times c + c^2 + r < 2 \times A_0 \times 9 + 9^2 + 2 \times A_0 + 2 \times 9 + 1$$
$$= 2 \times A_{00} + 100 = 2A + 1 \text{ centaines.}$$

Donc les centaines qui proviennent de $2 \times A_0 \times c + c^2 + r$ et que l'on a désignées par r', ne valent pas $2A + 1$ centaines ; ce qu'il fallait démontrer.

Le plus grand carré contenu dans 804 étant A^2, c'est-à-dire le carré des chiffres des dizaines de la racine totale , pour avoir ces dizaines, il faudra donc extraire la racine de 804. Comme ce nombre est plus grand que 100, sa racine dépassera 10 , et ainsi se composera de dizaines a_0 et d'unités b. On démontrera absolument , comme ci-dessus, par la décomposition

$$804 = A^2 + r' = \overline{ab}^2 + r' = \overline{a0}^2 + 2 \times a_0 \times b + b^2 + r',$$

que le plus grand carré contenu dans 8 est précisément a^2. Il faut donc extraire la racine de 8 pour avoir a^2, et comme 8 est moindre que 100, nous sommes assuré que cette racine n'a qu'un chiffre. En résumé, nous voyons que, pour extraire la racine carrée du nombre proposé 80434, il faut séparer à droite la première tranche de deux chiffres 34, puis extraire la racine de la partie à gauche 804, laquelle racine sera les dizaines de la racine totale. Puis, pour extraire la racine de 8o4, on sépare encore une tranche à droite, et il faut extraire la racine de 8, racine qui n'a qu'un chiffre, lequel représentera les dizaines de la racine de 8o4, c'est-à-dire les centaines de la racine totale. Et en général, *pour extraire la racine carrée d'un nombre quelconque, on le sépare en tranches de deux chiffres de droite à gauche, la dernière pouvant n'avoir qu'un chiffre; le nombre de tranches indique le nombre de chiffres de la racine totale, et de plus la racine du nombre formé par l'ensemble de la première tranche à gauche, des deux premières tranches, des trois premières tranches, etc., représente le premier chiffre à gauche de la racine totale, les deux premiers, les trois premiers, etc.* (*)

19. Trouvant ainsi simplement le nombre des chiffres de la racine totale, il s'agit ensuite de les calculer séparément.

$$\begin{array}{r|l} 8o434 & abc \\ 4o4 & \\ \end{array}$$

Or nous savons que la racine de la dernière tranche à gauche 8, représente les plus hautes unités, c'est-à-dire les centaines de la racine totale (18). L'inspection des 10 premiers carrés consécutifs suffit donc pour avoir le chiffre a.

Recherche des deux premiers chiffres de la racine. Le plus grand carré contenu dans 8 est 4, dont la racine est 2; ainsi $a = 2$. Pour avoir b, je retranche le carré 4 de 8; il reste 4, à côté duquel j'abaisse la

---

(*) Ce résultat aurait pu se démontrer autrement en faisant voir que la racine totale Ac est comprise entre $A'o$ et $(A'+1)o$, A' désignant la racine de 8o4, ce qui aurait conduit à $A = A'$, puis répétant ce raisonnement pour la racine de 8o4, etc., etc.; ou bien on aurait pu considérer d'une manière générale, que tout nombre de $2n-1$ ou de $2n$ chiffres est compris entre les carrés $10^{2(n-1)}$ et 10^{2n}, de sorte que sa racine est comprise entre 10^{n-1} et 10^n, et qu'elle a n chiffres, etc.; mais on a préféré montrer directement, comme dans la division, la non-influence des retenues, ce qui est d'une analyse beaucoup plus satisfaisante quoique plus difficile.

tranche o4. Il est évident que 4o4 est ce qui reste quand
de 8o4 on a retranché le carré de ao; mais comme la racine de 8o4 est ab, on a, à cause de la soustraction faite
sur 8o4,

$$4o4 = 2 \times ao \times b + b^2 + r' \; (\mathbf{18}),$$

avec $r' < 2 \times ab + 1$. Donc $4o = 2 \times a \times b +$ les dixaines
provenant de $b^2 + r'$. Si l'on avait exactement $4o = 2 \times a \times b$,
en divisant $4o$ par $2 \times a$, c'est-à-dire par le double du chiffre
déjà trouvé à la racine, on trouverait b. Mais si les dizaines provenant de $b^2 + r'$ sont $2 \times a$ ou davantage, alors
le plus grand multiple de $2 \times a$ contenu dans $4o$ sera supérieur à $2 \times a \times b$; de sorte que la division de $4o$ par $2 \times a$
fournira plus que b pour quotient entier. Or c'est ce qui
peut arriver, car $b^2 = b \times b$ donnera des dizaines moindres que b (multiplication), mais qui pourraient égaler
ou dépasser $2 \times a$, si par exemple, on avait $b = 7$, 8
et $a = 2$, 3; et $r' < 2 \times ab + 1$ pourrait être
$2 \times ab = 2 \times ao + 2 \times b$, et aurait $2 \times a$ aux
dixaines. Et quand même b^2 et r' auraient chacun leurs
dixaines moindres que $2 \times a$, la somme $b^2 + r'$ pourrait
encore avoir $2 \cdot a$ aux dixaines. Ainsi, en résumé, par
trois raisons qui peuvent exister ensemble ou séparément,
les dixaines provenant de $b^2 + r'$ peuvent égaler ou dépasser $2 \times a$, de sorte que le quotient de $4o$ par $2 \cdot a$
dépassant peut-être b, on n'est jamais exposé qu'à un
quotient trop fort ou exact.

$$
\begin{array}{c|l}
 & 2 \\
8o434 & abc \\
\cline{2-2}
4o4 & \overline{49} \\
 & 9
\end{array}
$$

En divisant 40 par $2 \times a$ ou 4, le quotient est 9, et non 10, car il ne doit avoir qu'un chiffre. Pour essayer si $b = 9$ est un chiffre trop fort, on pourrait observer que $804 = \overline{ab}^2 + r'$ (18) et retrancher de 804 le carré de 29. La soustraction réussissant, $b = 9$ serait bon; mais il est mieux d'écrire 9 à droite du 4 et de retrancher de 404 le produit de 49 par 9. On voit bien que si 9 est la valeur du chiffre b, comme 4 est déjà $2 \times a$, le produit 49×9 sera nécessairement $2 \times ao \times b + b^2$, de sorte qu'en le retranchant de

$$404 = 2 \times ao \times b + b^2 + r',$$

le reste de la soustraction sera r'. Comme la soustraction ne peut s'effectuer, 9 est trop fort; on essaye donc $b = 8$, et il reste $r' = 20$.

$$
\begin{array}{r|l}
 & 28 \\
80434 & a\,b\,c \\
\;404 & \overline{48} \\
\;2034 & 8
\end{array}
$$

On voit alors que 10 aurait été trop fort de 2, parce que les dizaines 8 provenant de

$$b^2 + r' = 64 + 20 = 84$$

contiennent deux fois le diviseur $2 \times a = 4$.

Ainsi, *pour avoir le premier chiffre de la racine, on extrait la racine de la dernière tranche à gauche, ce qui se fait à l'inspection des neuf premiers carrés; et pour avoir le deuxième chiffre, on retranche de la première tranche le carré du chiffre trouvé, ce qui donne un reste près duquel on abaisse la tranche suivante dont on sépare le premier chiffre. On divise le nombre ainsi formé à gauche par le double du premier chiffre trouvé, ce qui ne peut fournir qu'un quotient exact ou trop fort pour le deuxième chiffre de la racine. Afin de s'en assurer, on écrit à droite du double du premier chiffre le second chiffre supposé, ce qui forme un nombre que l'on multiplie par le chiffre d'essai, pour retrancher le produit obtenu du premier reste suivi de la deuxième tranche. Si la soustraction ne réussit pas, le second chiffre supposé est trop fort. On le diminue d'une unité, et l'on recommence le même calcul jusqu'à réussite.*

20. Pour avoir le troisième chiffre de la racine, on observera que 20 suivi de la tranche suivante 34 représente le nombre 2034, qui est ce qui reste quand on a ôté du nombre proposé le carré du nombre abo ou Ao (18). On a donc

$$2034 = 2 \times Ao \times c + c^2 + r$$

et

$$r < 2 \times Ac + 1.$$

Pour avoir le chiffre c, nous ferons un raisonnement analogue à celui qu'on a fait pour avoir b (19); car on a $203 = 2 \times A \times c$, plus les dizaines provenant de $c^2 + r$. On démontrera donc, comme précédemment, qu'en divisant 203 par $2 \times A$, c'est-à-dire par le double 56, du nombre trouvé à la racine, on ne s'expose qu'à trouver pour c un quotient exact ou trop fort. 203 : 56 donne au plus 3 qu'on essayera pour la valeur de c, et dans ce but on pourrait retrancher de 80434 le carré de 283; mais il vaudra mieux écrire à côté de 56 le chiffre 3, et retrancher 563×3 de 2034. La soustraction réussit et donne le reste $345 = r$.

<table>
<tr><td></td><td>283</td><td></td></tr>
<tr><td>80434</td><td>abc</td><td></td></tr>
<tr><td>404</td><td>48</td><td>563</td></tr>
<tr><td>2034</td><td>8</td><td>3</td></tr>
<tr><td>345</td><td></td><td></td></tr>
</table>

S'il y avait eu plus de trois tranches de deux chiffres au

nombre proposé, on aurait, pour avoir le chiffre suivant
de la racine, de nouveau abaissé à droite du reste 345 la
tranche suivante, dont on aurait séparé le premier chiffre
pour diviser l'ensemble à gauche par le double de la racine déjà trouvée. Le chiffre obtenu aurait été placé à
droite du double cité, et cet ensemble, multiplié par ce
chiffre et retranché du nombre formé par le reste suivi
de la tranche abaissée; puis l'on abaisserait encore une
tranche, et l'on continuerait le même calcul jusqu'à ce
qu'on eût épuisé le nombre proposé.

21. La racine totale abc est donc 283 et le reste final
$r = 345$. Pour tirer de la théorie précédente le procédé
pratique d'extraction de racine carrée entière, il suffit
de résumer les numéros 18, 19 et 20, ce qui conduit à la
règle suivante :

*Pour extraire la racine carrée entière d'un nombre, on le
sépare en tranches de deux chiffres, de droite à gauche, la
dernière pouvant n'avoir qu'un chiffre. Le nombre des tranches indique le nombre des chiffres de la racine totale. Le
premier chiffre s'obtient en extrayant la racine de la dernière
tranche à gauche.*

*Pour avoir le deuxième chiffre, on retranche de la pre-
mière tranche le carré du chiffre trouvé, ce qui donne un
reste près duquel on abaisse la tranche suivante, dont on
sépare le premier chiffre; on divise le nombre ainsi formé à
gauche par le double du premier chiffre trouvé, ce qui ne
peut fournir qu'un quotient exact ou trop fort pour le chiffre
cherché. Afin de s'en assurer, on écrit à droite du double du
premier chiffre le deuxième chiffre supposé, ce qui forme un
nombre qu'on multiplie par le chiffre d'essai, pour retrancher, en le formant, le produit obtenu du premier reste suivi
de la deuxième tranche. Si la soustraction ne réussit pas, on
diminue de 1 le chiffre supposé, et l'on recommence jusqu'à
réussite.*

Récapitula-
tion du
calcul des
chiffres de la
racine
carrée.
Règle
générale

Pour avoir le troisième chiffre de la racine, on abaisse à droite du reste de la soustraction précédente la deuxième tranche dont on sépare le premier chiffre. On divise le nombre ainsi formé à gauche par le double du nombre formé par les deux premiers chiffres de la racine. Le quotient est le troisième chiffre ou un nombre plus fort. Afin de s'en assurer, on écrit à droite du double qu'on vient de citer le troisième chiffre supposé, ce qui forme un nombre qu'on multiplie par le chiffre d'essai, pour retrancher, en le formant, le produit obtenu du deuxième reste suivi de la troisième tranche. Si la soustraction ne réussit pas, on diminue de 1 le chiffre supposé, et l'on recommence jusqu'à réussite.

Pour avoir le quatrième chiffre de la racine, on abaisse à droite du reste de la soustraction précédente la quatrième tranche dont on sépare, etc., etc., et ainsi de suite jusqu'à ce qu'on ait abaissé toutes les tranches.

Lorsqu'un des dividendes partiels est moindre que son diviseur correspondant, c'est que le chiffre de cette division est o. On abaisse la tranche suivante, dont on sépare le premier chiffre, et l'on continue, comme le dit la règle, conformément à la théorie.

22. Le reste final est par définition la différence entre le nombre proposé et le carré de la racine ; car on a posé (18)

$$80434 = \overline{Ac}^2 + r,$$

d'où l'on voit qu'en multipliant la racine par elle-même et ajoutant le reste, on doit retrouver le nombre proposé, comme cela arrive en effet.

Preuve de l'extraction de racine carrée.

$$
\begin{array}{r}
283 \\
283 \\
\hline
849 \\
2264 \\
566 \\
\hline
345 \\
\hline
80434
\end{array}
$$

3.

Mais ce calcul ne peut servir de preuve qu'autant qu'on a fait les divisions qui fournissent les deuxième, troisième,... chiffres de la racine, en diminuant de 1 chaque quotient partiel qui était reconnu trop fort. Car si la crainte d'obtenir un chiffre trop fort à la racine fait diminuer de plus de 1 le quotient qui devait fournir ce chiffre, qu'on eût, par exemple, pris 2 pour troisième chiffre de la racine précédente, alors, en retranchant de 2034 le produit 562×2, il serait resté 910, et l'on aurait eu, comme avec le reste 345, $80434 = \overline{282}^2 + 910$. Mais le reste 910 est plus grand que $282 \times 2 + 1$, ce qui prouve que ce n'est pas le reste final r qui convient à la racine extraite à 1 près (18). Si l'on eût mis 7 pour deuxième chiffre de la racine, le reste correspondant $404 - 27 \times 7$ eût nécessairement été supérieur à $27 \times 2 + 1$; et quand même on n'aurait pas remarqué cet indice, le troisième chiffre de la racine eût été plus grand que 9 et aurait montré le défaut du 7. Ainsi, si l'excès d'un chiffre mis à la racine arrête le calcul, le défaut d'un chiffre supposé s'indique au chiffre suivant ou à l'inspection du reste correspondant. Au surplus, je répète qu'on n'aura jamais à craindre de chiffre trop faible, si l'on ne diminue jamais de plus de 1 un chiffre reconnu trop fort.

On peut encore faire la preuve de l'extraction en divisant le nombre proposé par la racine trouvée; et en prenant cette racine pour quotient, on doit arriver au reste r, puisque

$$80434 = Ac \times Ac + r.$$

Enfin, à cause de cette relation, il est évident qu'on peut encore se servir de la preuve par 9 ou par 11.

$$
\begin{array}{c|c}
8o434 & 283 \\
2383 & \overline{283} \\
1194 & \\
345 &
\end{array}
$$

23. Nous avons dit qu'en multipliant la racine par elle-même, et ajoutant le reste final, on reproduit le nombre proposé. Cela résulte encore du procédé pratique de l'extraction, abstraction faite des raisonnements qui conduisent à ce procédé.

Autre théorie de l'extraction de racine carrée.

$$
\begin{array}{c|cc}
8o434 & 283 & \\
4o4 & \hline 48 & 563 \\
2o34 & 8 & 3 \\
345 & &
\end{array}
$$

En effet, en exécutant la pratique de la règle, on a d'abord

$$8 = 2^2 + 4 \quad \text{et} \quad 8 < 3^2;$$

ainsi 2 est la racine du plus grand carré contenu dans la première tranche 8. De plus, par les calculs même,

$$4o4 = 48 \times 8 + 2o = 2 \times 2o \times 8 + 8^2 + 2o,$$

et aussi

$$4o4 < 49 \times 9 = 2 \times 2o \times 9 + 9^2;$$

par conséquent on voit qu'on a

$$8oo = \overline{2o}^2 + 4oo,$$

$$8o4 = \overline{2o}^2 + 4o4 = \overline{2o}^2 + 2 \times 2o \times 8 + 8^2 + 2o$$
$$= \overline{28}^2 + 2o \ (15),$$

et aussi

$$804 < \overline{20}^2 + 2 \times 20 \times 9 + 9^2 = \overline{29}^2,$$

ce qui prouve que 28 est la racine du plus grand carré contenu dans les deux premières tranches 804. De plus,

$$2034 = 563 \times 3 + 345 = 2 \times 280 \times 3 + 3^2 + 345,$$

et aussi

$$2034 < 564 \times 4 = 2 \times 280 \times 4 + 4^2;$$

par conséquent, on peut écrire

$$80400 = \overline{280}^2 + 2000,$$
$$80434 = \overline{280}^2 + 2034 = \overline{280}^2 + 2 \times 280 \times 3 + 3^2 + 345$$
$$= \overline{283}^2 + 345 \,(\mathbf{15}),$$

et aussi

$$80434 < \overline{280}^2 + 2 \times 280 \times 4 + 4^2 = \overline{284}^2,$$

ce qui prouve que 283 est la racine du plus grand carré contenu dans 80434 (15). La règle posée (21) peut donc former précepte (*). Le reste trouvé 345 satisfait bien à sa qualité de reste d'extraction (16), car, de ce que $\overline{283}^2 < 80434 < \overline{284}^2$, on en conclut

$$80434 - \overline{283}^2 < \overline{284}^2 - \overline{283}^2,$$

ou bien

$$345 < 2 \times 283 + 1 \,(\mathbf{15}).$$

____

(*) Théorie synthétique plus facile pour les candidats au baccalauréat ès lettres.

Les autres restes, par exemple 2034, provenant de $80434 = \overline{280}^2 + 2034$, ne satisfont pas à cette condition.

Cette théorie montre encore qu'on ne peut, par quelque tranche abaissée, trouver deux chiffres à la racine. D'abord, la première extraction ne portant que sur la première tranche à gauche 8, ne fournit qu'un chiffre a, qui est la racine du plus grand carré contenu dans 8 ; de sorte que le reste correspondant r est $< 2 \times a + 1$, d'où

$$r04 < (2 \times a + 1) \times 100.$$

Il en résulte que le deuxième chiffre b est 9 au plus, car si l'on pouvait trouver 10, il faudrait retrancher de $r04$ le produit

$$(2 \times a0 + 10) \times 10 = 2 \times a00 + 100 = (2 \times a + 1) \times 100.$$

ab est la racine du plus grand carré contenu dans 804, et le reste correspondant que j'appelle encore r, est $< 2 \times ab + 1$, d'où

$$r34 < (2 \times ab + 1) \times 100.$$

Il en résulte que le troisième chiffre c est 9 au plus ; car si l'on pouvait prendre 10, il faudrait ôter de $r34$ le produit

$$(2 \times ab0 + 10) \times 10 = (2 \times ab + 1) \times 100,$$

et ainsi de suite.

24. Il y aurait d'autres considérations à présenter, comme celles qui concernent les racines par défaut, par excès, les méthodes abrégées d'extraction, les approximations, etc. Mais outre que ces observations, pour être complètes, exigent l'emploi de l'algèbre, elles ne doivent

dériver que de l'*extraction générale, qui a pour but, étant donné un nombre, d'en trouver un second qui, multiplié par lui-même, reproduise le premier.* Si l'on ne peut souvent trouver ce second nombre, on peut du moins en approcher autant qu'on veut. J'ai traité seulement le procédé du calcul, parce qu'il sert de base à tout le reste.

THÉORIE

DE LA

RACINE CUBIQUE ENTIÈRE.

25. Le produit du carré d'un nombre par ce nombre s'appelle *cube* de ce nombre. Ainsi les cubes des dix premiers nombres

$$1, \; 2, \; 3, \; 4, \; 5, \; 6, \; 7, \; 8, \; 9, \; 10,$$

sont

$$1, \; 8, \; 27, \; 64, \; 125, \; 216, \; 343, \; 512, \; 729, \; 1000.$$

Si nous considérons tout nombre, par exemple 297, comme formé de dizaines et d'unités, la formation de son cube pourra se faire en multipliant le carré décomposé (15), par $297 = 7 + 290$, comme ci-dessous :

$$\overline{297}^2 = 7^2 + 290 \times 7 \times 2 + \overline{290}^2$$
$$297 = 7 + 290$$

$$7^3 + 290 \times 7^2 \times 2 + \overline{290}^2 \times 7 \text{ produit par } 7,$$
$$+ \; 7^2 \times 290 + \overline{290}^2 \times 7 \times 2 + \overline{290}^3 \text{ produit par } 290,$$

$$7^3 + 290 \times 7^2 \times 3 + \overline{290}^2 \times 7 \times 3 + \overline{290}^3 \text{ prod. total.}$$

On trouve ainsi, en réunissant les produits partiels, que le cube de 297 contient quatre parties : *le cube des unités, le triple carré des unités multiplié par les dizaines, le triple carré des dizaines multiplié par les unités, le cube des dizaines.* De même, en multipliant $(27 + 1)^2$ par $27 + 1$, on trouvera

$$(27 + 1)^3 = \overline{27}^3 + \overline{27}^2 \times 3 + 27 \times 3 + 1.$$

Ainsi

$$\overline{28}^3 - \overline{27}^3 = \overline{27}^2 \times 3 + 27 \times 3 + 1,$$

et en général *la différence des cubes de deux nombres successifs se compose de 3 fois le carré du plus petit nombre, plus 3 fois le plus petit nombre, plus 1.*

$8, 27, \ldots$, étant les cubes des nombres $2, 3, \ldots$, ceux-ci sont dits racines cubiques des premiers, de sorte que *la racine cubique d'un nombre cube est le nombre qui, multipliant son propre carré, reproduit ce nombre cube.* Pendant que les racines croissent par unités simples, les cubes croissent successivement de 3 fois le carré de chaque racine, plus 3 fois cette racine, plus 1; d'où suit qu'un entier quelconque doit se trouver dans la série $1, 8, 27, \ldots$, pour avoir une racine cubique entière. *La racine cubique entière d'un nombre quelconque est la racine cubique du plus grand cube contenu dans ce nombre.*

26. Il résulte de ce qui précède que lorsqu'on aura extrait la racine cubique d'un nombre, le *reste* obtenu en retranchant du nombre proposé le cube de sa racine *sera toujours moindre que le triple carré de la racine, plus le triple de la racine, plus 1.* En effet, ce reste étant la différence entre le nombre proposé et le cube de sa racine, doit être moindre que la différence qui existe entre le cube de la racine et le cube de la racine augmentée de 1, puisque ces deux cubes comprennent entre eux le nombre proposé. Or, la différence de ces deux cubes est le triple carré de la racine, plus le triple de la racine plus 1 (25);

donc le reste de l'extraction est moindre que le triple carré de la racine, plus le triple de la racine plus 1. Et réciproquement, si un nombre se compose d'un cube plus d'une quantité moindre que le triple carré de la racine cubique de ce cube, plus le triple de cette racine , plus 1, alors la racine du cube sera celle du nombre, et la quantité en plus du cube sera le reste de l'extraction.

27. On distinguera deux cas dans l'extraction de racine cubique. Si le nombre proposé est moindre que 1000, sa racine est moindre que 10 ; par conséquent l'inspection des neuf premiers cubes successifs montre quel est le plus grand cube contenu dans le nombre proposé , et par suite donne sa racine. Ainsi la racine cubique de 625 est 8, parce que les cubes 512 et 729 des nombres 7 et 8 comprennent entre eux 625. 625—512 donne le reste 113, qui est moindre que $3.8^2+3.8+1$, conformément à ce qui a été dit (26).

28. Soit maintenant à extraire la racine cubique d'un nombre quelconque 24345891. Ce nombre étant plus grand que 1000, sa racine sera plus grande que 10 et aura plus d'un chiffre. Désignons par A le nombre qui représente les dizaines, et par c les unités de cette racine; alors 24345891 se composera du cube de cette racine, plus un reste r moindre que

$$3 \times \overline{Ac}^2 + 3 \times \overline{Ac} + 1 \,(26),$$

Cas général de l'extraction de racine cubique.

et l'on aura, d'après la composition du cube d'un nombre composé de dizaines et d'unités (25),

$$24345891 = (\overline{Ac})^3 + r = \overline{Ao}^3 + 3 \times \overline{Ao}^2 \times c + 3 \times \overline{Ao} \times c^2 + c^3 + r.$$

Comme $\quad \overline{Ao} = A^2 \times 1000,$

on conclut que $24345 = A^3 + r'$, r' étant les mille qui proviennent de $3 \times \overline{Ao}^2 \times c + 3 \times Ao \times c^2 + c^3 + r$. Ainsi 24345 contient plus que A^3. Néanmoins, je dis que le plus grand cube contenu dans 24345 est précisément A^3. Il suffit, pour le démontrer, de faire voir que l'on a

Recherche du nombre de chiffres de la racine.

$$r' < 3 \times A^2 + 3 \times A + 1 \quad (26).$$

En effet, on a évidemment

$$3 \times \overline{Ao}^2 \times c + 3 \times Ao \times c^2 + c^3 + r < 3 \times \overline{Ao}^2 \times 9$$
$$+ 3 \times Ao \times 9^2 + 9^3 + 3 \times \overline{A9}^2 + 3 \times A9 + 1,$$

car

$$r < 3 \times \overline{Ac}^2 + 3 \times Ac + 1,$$

et c est au plus 9; ou bien, ce qui est la même chose,

$$3 \times \overline{Ao}^2 \times c + 3 \times Ao \times c^2 + c^3 + r < 3 \times \overline{Ao}^2 \times 9$$
$$+ 3 \times Ao \times 9^2 + 9^3 + 3 \times (Ao + 9)^2$$
$$+ 3 \times (Ao + 9) + 1,$$

et, en s'appuyant sur la composition du carré d'un nombre (15),

$$3 \times \overline{Ao}^2 \times c + 3 \times Ao \times c^2 + c^3 + r < 3 \times \overline{Ao}^2 \times 9$$
$$+ 3 \times Ao \times 9^2 + 9^3 + 3 \times \overline{Ao}^2 + 3 \times 2 \times Ao \times 9$$
$$+ 3 \times 9^2 + 3 \times Ao + 3 \times 9 + 1 = 3 \times \overline{Ao}^2 \times (9 + 1)$$
$$+ 3 \times Ao \times (9^2 + 2 \times 9 + 1) + 9^3 + 3 \times 9^2$$
$$+ 3 \times 9 + 1 = 3 \times \overline{Ao}^2 \times 10 + 3 \times Ao \times (9+1)^2$$
$$+ (9 + 1)^3 = 3 \times A^2 \times 1000 + 3 \times A \times 1000$$
$$+ 1000 = 3A^2 + 3A + 1 \text{ mille.}$$

Donc les mille qui proviennent de

$$3 \times \overline{Ao}^2 \times c + 3 \times Ao \times c^2 + c^3 + r,$$

et que l'on a désignés par r', ne valent pas

$$3 \times A^2 + 3 \times A + 1 \text{ mille},$$

ce qu'il fallait démontrer.

Le plus grand cube contenu dans 24345 étant A^3, c'est-à-dire le cube des chiffres des dizaines de la racine totale, pour avoir ces dizaines, il faudra donc extraire la racine cubique de 24345. Comme ce nombre est plus grand que 1000, sa racine cubique dépassera 10, et ainsi se composera de dizaines ao et d'unités b. On démontrera absolument comme ci-dessus, par la décomposition

$$24345 = A^3 + r' = \overline{ab}^3 + r' = \overline{ao}^3 + 3 \times \overline{ao}^2 \times b$$
$$+ 3 \times ao \times b^2 + b^3 + r',$$

que le plus grand cube contenu dans 24 est précisément a^3.

Il faut donc extraire la racine cubique de 24 pour avoir a^3, et comme 24 est moindre que 1000, cette racine n'a qu'un chiffre. En résumé, pour extraire la racine cubique du nombre 24 345 891, il faut séparer à droite la première tranche de trois chiffres 891, puis extraire la racine de la partie à gauche 24345, laquelle racine sera les dizaines de la racine totale; puis, pour extraire la racine de 24345, on sépare encore une tranche à droite, afin d'extraire la racine de 24, racine qui n'a qu'un chiffre, lequel représente les dizaines de la racine de 24345, c'est-à-dire les centaines de la racine totale. Et, en général, *pour extraire la racine cubique d'un nombre quelconque, on le sépare en tranches de trois chiffres, de droite à gauche,*

*la dernière pouvant n'avoir qu'un ou deux chiffres ; le nom-
bre de tranches indique le nombre de chiffres de la racine
totale, et de plus, la racine du nombre formé par l'ensemble
de la première tranche à gauche, des deux premières tranches, des trois premières tranches, etc., représente le premier chiffre à gauche de la racine totale, les deux premiers,
les trois premiers (*), etc.*

29. Trouvant ainsi simplement le nombre des chiffres
de la racine totale, voyons à les calculer séparément. On
a vu (28) que la racine de la dernière tranche à gauche
24 représente les plus hautes unités, c'est-à-dire les centaines de la racine totale (28).

$$
\begin{array}{c|c}
243458\mathrm{91} & abc \\
16345 & \rule{2cm}{0.4pt} \\
\end{array}
$$

Recherche des deux premiers chiffres de la racine totale. L'inspection des dix premiers cubes consécutifs suffit
donc pour avoir le chiffre a. Le plus grand cube contenu
dans 24 est 8, dont la racine est $a = 2$. Pour avoir b, je
retranche de 24 le cube de 2 ; il reste 16 à côté duquel
j'abaisse la tranche 345. On voit que 16345 est ce qui
reste quand de 24345 on a retranché le cube de ao ;
mais comme la racine de 24345 est ab, on a, à cause de
la soustraction faite sur 24345,

$$16345 = 3 \times \overline{ao}^2 \times b + 3 \times ao \times b^2 + b^3 + r' \ (28),$$

avec

$$r' < 3 \times \overline{ab}^2 + 3 \times ab + 1.$$

(*) Remarque analogue à celle du n° 18.

Donc, $163 = 3 \times a^2 \times b$, plus les centaines provenant de

$$3 \times ao \times b^2 + b^3 + r'.$$

Si l'on avait exactement

$$163 = 3 \times a^2 \times b,$$

en divisant 163 par $3 \times a^2$, c'est-à-dire par le triple carré du chiffre trouvé à la racine, on aurait b pour quotient. Mais si les centaines provenant de

$$3 \times ao \times b^2 + b^3 + r'$$

sont $3 \times a^2$, ou davantage, alors le plus grand multiple de $3 \times a^2$ contenu dans 163 sera supérieur à $3 \times a^2 \times b$, de sorte que la division de 163 par $3 \times a^2$ fournira plus que b pour quotient entier. Or c'est ce qui peut arriver, car si l'on avait $a = 2$, $b = 5$,

$$3 \times ao \times b^2 = 3 \times 20 \times 25 = 1500$$

donnerait $15 > 3 \times a^2$ aux centaines ; et

$$r' < 3 \times \overline{ab}^2 + 3 \times ab + 1$$

pourrait être égal à

$$3 \times \overline{ab}^2 + 3 \times ab = 3 \times \overline{ao}^2 + \text{etc.},$$

et aurait $3 \times a^2$ aux centaines. Et quand même $3 \times ao \times b^2$ et r' auraient séparément leurs centaines moindres que $3 \times a^2$, la somme

$$3 \times ao \times b^2 + b^3 + r'$$

pourrait donner $3 \times a^2$ aux centaines. Ainsi, par beaucoup de raisons, les centaines provenant de cette somme pouvant égaler ou dépasser $3 \times a^2$, on n'est exposé par la division de 163 par $3 \times a^2$, qu'à trouver au quotient un nombre égal ou supérieur à b.

$$
\begin{array}{r|l}
 & 28 \\
24345891 & abc \\
16345 & \overline{12} \\
2393891 & 48 \\
 & 64 \\
 & \overline{1744} \\
 & 8
\end{array}
$$

En divisant 163 par $3 \times a^2 = 12$, le quotient est 9 et non 13, car il ne peut avoir qu'un chiffre. Pour essayer si $b = 9$ est bon, on pourrait observer que

$$24345 = \overline{ab}^3 + r' \; (\mathbf{28}),$$

et retrancher de ce nombre le cube de 29; mais il vaut mieux utiliser la soustraction déjà faite en retranchant de

$$16345 = 3 \times \overline{ao}^2 \times b + 3 \times ao \times b^2 + b^3 + r'$$

les trois premières parties qui entrent dans ce nombre. Ces trois premières parties peuvent s'écrire

$$3 \times a^2 \times 100 \times b + 3 \times a \times b \times 10 \times b + b^2 \times b$$
$$= 3 \times a^2 \text{ centaines} + 3 \times a \times b \text{ dizaines} + b^2 \text{ unités,}$$

le tout multiplié par b. Sous $3 \times a^2 = 12$ on écrira donc $3 \times a \times b = 54$, en avançant d'un rang, et sous 54, $b^2 = 81$, en avançant de même; la somme 1821, multipliée par $b = 9$, produit qui représente les trois parties, ne peut

être retranchée de 16345, ce qui prouve que $b = 9$ est
trop fort.

$$12$$
$$54$$
$$81$$
$$\overline{\hphantom{1}1821}$$
$$9$$

En essayant $b = 8$ par les mêmes calculs, la soustraction
réussit et l'on arrive au reste $2393 = r'$. On voit alors
que $b = 13$ aurait été trop fort de 5 unités parce que les
centaines 67, provenant de

$$3 \times ao \times b^2 + b^3 + r' = (480 + 64) \times 8 + 2393$$
$$= 4352 + 2393 = 6745,$$

contiennent 5 fois le diviseur $3 \times a^2 = 12$.

*Ainsi, pour avoir le premier chiffre de la racine cubique,
on extrait la racine de la dernière tranche à gauche, ce qui se
fait à l'inspection des neuf premiers cubes, et pour avoir le
deuxième chiffre, on retranche de la première tranche le cube
du chiffre trouvé, ce qui donne un reste près duquel on abaisse
la tranche suivante dont on sépare le premier chiffre. On divise le nombre ainsi formé à gauche par le triple carré du
premier chiffre trouvé, ce qui ne peut fournir qu'un quotient
exact ou trop fort pour le deuxième chiffre de la racine. Afin
de s'en assurer, on écrit sous le triple carré déjà fait, un
rang plus à droite, le triple produit du premier chiffre par
le deuxième supposé; puis au-dessous, un rang plus à droite
encore, le carré de ce deuxième chiffre. La somme de ces trois
produits, multipliée par le deuxième chiffre, est retranchée en
même temps du premier reste suivi de la deuxième tranche;
si la soustraction ne réussit pas, on diminue de 1 le chiffre*

supposé, et l'on recommence les mêmes calculs jusqu'à réus-
site.

Recherche des chiffres suivants de la racine.

30. Pour avoir le troisième chiffre de la racine, on observera que 2393, suivi de la tranche suivante 891, représente le nombre 2393891, qui est ce qui reste quand on a ôté du nombre proposé le cube du nombre abo ou Ao (28) ; on a donc

$$2393891 = 3 \times \overline{Ao}^2 \times c + 3 \times Ao \times c^2 + c^3 + r,$$

et

$$r < 3 \times \overline{Ac}^2 + 3 \times Ac + 1.$$

Pour avoir le chiffre c, nous ferons un raisonnement analogue à celui qu'on a fait pour avoir b (29), car on a $23938 = 3 \times A^2 \times c +$ les centaines provenant de $3 \times Ao \times c^2 + c^3 + r$.

	$\overset{2\ 8\ 9}{abc}$	
2434589ı		
ı6345	12	2352
2393891	48	756
208322	64	81
	ı744	242841
	8	9

On démontrera donc comme ci-dessus, qu'en divisant 23938 par $3 \times A^2$, c'est-à-dire par le triple carré 2352 du nombre 28 trouvé à la racine, on ne s'expose qu'à trouver pour c un quotient exact ou trop fort. 23938 : 2352 donne 9 qu'on essayera en écrivant sous 2352, un rang plus à droite, le triple produit 756 de A = 28 par 9, sous ce nombre, en avançant de même, le carré de 9, puis en retranchant de 2393891 le produit de 242841 × 9. La soustraction réussit et donne le reste 208322 = r.

S'il y avait eu plus de trois tranches de trois chiffres au nombre proposé, on aurait, pour avoir le chiffre suivant de la racine, abaissé à droite du reste 208322 la tranche suivante dont on aurait séparé le premier chiffre, pour diviser l'ensemble à gauche par le triple carré de la racine 289 déjà trouvée. Pour essayer le chiffre obtenu supposé 7, on aurait écrit sous le triple carré de 289, le triple de 289×7, un rang plus loin; puis sous ce triple le carré de 7, un rang plus loin. La somme multipliée par 7, et retranchée de 208322, fournira un nouveau reste à côté duquel on abaissera une nouvelle tranche, etc., etc.; et ainsi de suite jusqu'à épuisement de toutes les tranches.

31. La racine totale *abc* est donc 289, et le reste final $r = 208322$. Pour tirer de la théorie précédente le procédé pratique d'extraction de racine cubique entière, il suffit de résumer les numéros **28, 29, 30**, ce qui conduit à la règle suivante :

Récapitulation du calcul des chiffres de la racine cubique. Règle générale.

Pour extraire la racine cubique entière d'un nombre, on le sépare en tranches de trois chiffres de droite à gauche, la dernière pouvant n'avoir qu'un ou deux chiffres; le nombre des tranches indique le nombre des chiffres de la racine totale. Le premier chiffre s'obtient en extrayant la racine cubique de la dernière tranche à gauche.

Pour avoir le deuxième chiffre, on retranche de la première tranche le cube du chiffre trouvé, ce qui donne un reste près duquel on abaisse la tranche suivante dont on sépare le premier chiffre. On divise le nombre ainsi formé à gauche par le triple carré du premier chiffre trouvé, ce qui ne peut fournir qu'un quotient exact ou trop fort pour le deuxième chiffre de la racine. Pour s'en assurer, on écrit sous le triple carré déjà fait, un rang plus à droite, le triple produit du premier chiffre par le deuxième supposé, puis au-dessous, un rang plus à droite encore, le carré de ce deuxième chiffre. La somme de ces trois produits multipliée par le deuxième chiffre, est retranchée en même temps du premier reste suivi de la deuxième tranche. Si la soustraction ne réussit pas, on diminue de 1 le chiffre supposé, et l'on recommence les mêmes calculs jusqu'à réussite.

Pour avoir le troisième chiffre, on abaisse à droite du reste de la soustraction précédente la troisième tranche dont on sépare le premier chiffre; on divise le nombre ainsi formé à gauche par le triple carré du nombre que forment les deux premiers chiffres de la racine, ce qui ne peut fournir qu'un quotient exact ou trop fort pour le troisième chiffre de la racine. Pour le savoir, on écrit sous le triple carré qu'on vient de faire, un rang plus à droite, le triple produit du nombre des deux premiers chiffres de la racine par le troisième supposé; puis au-dessous, un rang plus à droite encore, le carré de ce troisième chiffre. La somme de ces trois produits multipliée par le troisième chiffre, est retranchée en même temps du deuxième reste suivi de la troisième tranche. Si la soustraction ne se peut, on diminue de 1 le chiffre supposé, et l'on recommence jusqu'à réussite.

Pour avoir le quatrième chiffre, on abaisse à droite du troisième reste, la quatrième tranche dont on sépare, etc.; ainsi de suite, jusqu'à épuisement de toutes les tranches.

Lorsqu'un des dividendes partiels est moindre que son diviseur correspondant, c'est que le chiffre de cette division est 0. On abaisse la tranche suivante dont on sépare le premier chiffre, et l'on continue comme le dit la règle, conformément à la théorie.

Preuve
de
l'extraction
de
racine
cubique.

32. Le reste final est par définition la différence entre le nombre proposé et le cube de la racine; car on a posé (28)

$$243458g1 = (Ac)^3 + r,$$

d'où l'on voit qu'en faisant le cube de la racine et ajoutant le reste, on doit retrouver le nombre proposé comme cela arrive en effet.

$$
\begin{array}{r}
289 \\
289 \\
\hline
2601 \\
2312 \\
578 \\
\hline
83521 \\
289 \\
\hline
751689 \\
668168 \\
167042 \\
208322 \\
\hline
24345891
\end{array}
$$

Mais ce calcul ne peut servir de preuve qu'autant qu'on a fait les divisions qui fournissent les deuxième, troisième,.... chiffres de la racine en diminuant de 1 chaque quotient partiel qui était reconnu trop fort. Car si la crainte d'obtenir un chiffre trop fort à la racine fait diminuer de plus de 1 le quotient qui devrait fournir ce chiffre, qu'on eût par exemple, pris 7 pour deuxième chiffre de la racine (29), alors, en retranchant de 16345 la somme $1200 + 3 \times 2 \times 7 \times 10 + 49 = 1669$ multipliée par 7, il serait resté 4662 et l'on aurait eu, comme avec le reste 2393,

$$
24345 = \overline{27}^3 + 4662.
$$

Mais le reste 4662 est plus grand que $3 \times \overline{27}^2 + 3 \times 27 + 1$, ce qui prouve que ce n'est pas le reste final r' qui convient à la racine cubique entière de 24345 (29). On n'aurait

pas remarqué ce fait que la recherche du troisième chiffre
de la racine (30) aurait donné plus que 9 et montré le défaut du 7. Ainsi, si l'excès d'un chiffre supposé à la racine arrête aussitôt le calcul, son défaut s'indique au
chiffre suivant ou à l'inspection du reste correspondant.
D'ailleurs on ne remarquera jamais de chiffre en défaut
si l'on ne diminue jamais de plus de 1 un chiffre reconnu
trop fort.

On peut encore faire la preuve de l'extraction en divisant le nombre proposé par le carré de la racine trouvée, et
en prenant cette racine pour quotient, on doit arriver au
reste r, puisque

$$24345891 = (Ac)^2 \times Ac + r.$$

24345891	83521
764169	
960011	289
208322	

33. Je vais donner maintenant la théorie synthétique
de l'extraction de racine cubique, analogue à celle qui a
été donnée pour la division et la racine carrée (10, 23).
On commence donc par définir la racine cubique entière
d'un nombre quelconque (25); puis on pose en précepte
la règle générale (31) qui, exécutée sur le nombre
24345891, fournit les calculs suivants,

24345891	289	
16345	12	2352
2393891	48	756
208322	64	81
	1744	242841
	8	9

et il ne s'agit plus que de prouver que les nombres 289 et
208322 satisfont bien aux conditions d'être racine entière
et reste final d'extraction (25, 26). En effet, par les calculs faits on a

$$24 = 2^3 + 16 \quad \text{et} \quad 24 < 3^3.$$

Ainsi 2 est la racine du plus grand cube contenu dans la
première tranche 24. De plus

$$16345 = (1200 + 480 + 64) \times 8 + 2393$$
$$= (3 \times \overline{20}^2 + 3 \times 20 \times 8 + 8^2) \times 8 + 2393,$$

et aussi

$$16345 < (3 \times \overline{20}^2 + 3 \times 20 \times 9 + 9^2)9.$$

On a donc

$$24000 = \overline{20}^3 + 16000,$$
$$24345 = \overline{20}^3 + 16345 = \overline{20}^3 + 3 \times \overline{20}^2 \times 8$$
$$+ 3 \times 20 \times 8^2 + 8^3 + 2393 = \overline{28}^3 + 2393 \ (25),$$

et aussi

$$24345 < \overline{20}^3 + 3 \times \overline{20}^2 \times 9 + 3 \times 20 \times 9^2 + 9^3 = \overline{29}^3,$$

ce qui prouve que 28 est la racine du plus grand cube
contenu dans les deux premières tranches 24345. De plus

$$2393891 = (235200 + 7560 + 81) \times 9 + 208322$$
$$= (3 \times \overline{280}^2 + 3 \times 280 \times 9 + 9^2) \times 9 + 208322,$$

et aussi

$$2393891 < (3 \times \overline{280}^2 + 3 \times 280 \times 10 + \overline{10}^2) \times 10.$$

On a donc

$$24345000 = \overline{280}^3 + 2393000,$$

$$24345891 = \overline{280}^3 + 2393891 = \overline{280}^3 + 3 \times \overline{280}^2 \times 9$$
$$+ 3 \times 280 \times 9^2 + 9^3 + 208822 = \overline{289}^3$$
$$+ 208322 \; (\mathbf{25}),$$

et aussi

$$24345891 < \overline{280}^3 + 3 \times \overline{280}^2 \times 10 + 3 \times 280 \times \overline{10}^2$$
$$+ \overline{10}^3 = \overline{290}^3;$$

ce qui prouve que 289 est la racine du plus grand cube contenu dans 24345891 (**25**). La règle d'extraction peut donc former précepte (**31**) (*). Le reste trouvé 208322 satisfait bien à sa qualité de reste d'extraction (**26**); car de

$$\overline{289}^3 < 24345891 < \overline{290}^3,$$

on conclut

$$24345891 - \overline{289}^3 < \overline{290}^3 - \overline{289}^3,$$

ou bien

$$208322 < 3 \times \overline{289}^2 + 3 \times 289 + 1 \; (\mathbf{25}).$$

Les autres restes, par exemple 2393891, provenant de $24345891 = \overline{280}^3 + 2393891$ ne peuvent satisfaire à cette condition.

(*) Convenable, par sa facilité, aux candidats au baccalauréat ès lettres.

Cette théorie montre encore qu'on ne peut, par quelque tranche abaissée, trouver deux chiffres à la racine. D'abord la première extraction, ne portant que sur la première tranche à gauche 24, ne fournit qu'un chiffre a, qui est la racine du plus grand cube contenu dans 24, de sorte que le reste correspondant r est $<3\times a^2+3\times a+1$, d'où

$$r345 < (3 \times a^2 + 3 \times a + 1) \times 1000.$$

Il en résulte que le deuxième chiffre b est 9 au plus; car si l'on pouvait trouver 10, il faudrait retrancher de $r345$ le produit

$$(3\times \overline{ao}^2 + 3\times ao\times 10 + \overline{10}^2)10 = (3\times a^2 + 3\times a + 1)\times 1000.$$

ab est la racine du plus grand cube contenu dans 24345, et le reste correspondant, que j'appelle encore r, est $< 3 \times \overline{ab}^2 + 3 \times ab + 1$, d'où

$$r891 < (3 \times \overline{ab}^2 + 3 \times ab + 1) \times 1000.$$

Il en résulte que le troisième chiffre c est 9 au plus; car si l'on pouvait prendre 10, il faudrait ôter de $r891$ le produit

$$(3 \times \overline{abo}^2 + 3 \times abo \times 10 + \overline{10}^2) \times 10$$
$$= (3 \times \overline{ab}^2 + 3 \times ab + 1) \times 1000;$$

et ainsi de suite.

34. Dans l'extraction de racine cubique, la formation des triples carrés, diviseurs servant à calculer les divers chiffres de la racine, est un calcul pénible qu'on peut Formation simple des triples carrés.

abréger. Connaissant les deux premiers chiffres de la racine cubique de 24345891, pour chercher le troisième il faudra diviser 23938 par le triple carré de 28. Or on a, par la formation d'un carré (15),

$$3 \times \overline{28}^2 = 3 \times (\overline{20}^2 + 2 \times 20 \times 8 + 8^2).$$

Si maintenant on remarque que

$$1744 = 3 \times \overline{20}^2 + 3 \times 20 \times 8 + 8^2,$$

on verra qu'à cette somme il suffit d'ajouter $3 \times 20 \times 8 = 480$, déjà formé, et $2 \times 8^2 = 2 \times 64 = 128$, pour retrouver $3 \times \overline{28}^2$. C'est ce qu'indique la disposition ci-dessous, et chaque somme de trois produits servira ainsi à former le triple carré qui doit commencer la somme suivante.

24345891	289		
16345	12	1744	2352
2393891	48	480	756
208322	64	128	81
	1744	2352	242841
	8		9

RACINES

D'UN DEGRÉ SUPÉRIEUR AU TROISIÈME.

---

38. Dans le calcul numérique on ne cherche, par la méthode des extractions, les racines d'un degré supérieur au troisième, que si ce degré est multiple de 2, 3, parce qu'alors le calcul se fait par des extractions successives de racines carrées, cubiques. Supposons vu à la théorie des puissances, que des puissances de puissances équivalent à une seule dont l'exposant est le produit des autres exposants, par exemple que $\left((3^2)^2\right)^3 = 3^2 \times 2 \times 3 = 3^{12}$, on en conclura que, réciproquement, *pour extraire d'un nombre une racine dont le degré est un produit de facteurs, le résultat est le même qu'en extrayant successivement du même nombre des racines de degrés marqués par ces facteurs.* Ainsi $\sqrt[12]{531441} = \sqrt{\sqrt{\sqrt[3]{531441}}} = 3$. Quand le nombre proposé n'est pas une puissance exacte, sa *racine entière* s'obtient par le même procédé. Soit à extraire la racine trentième entière d'un nombre quelconque N. Comme $30 = 3 \times 2 \times 5$, on extraira la racine cubique entière de N, que j'appellerai A; puis la racine carrée entière de A, que j'appellerai B; enfin la racine cinquième entière de B, que j'appellerai R. Je dis que R est la racine trentième entière de N; dans ce but j'observerai d'abord que, quand on extrait la racine entière $m^{ième}$ d'un nombre n, ce qui donne r, on a non-seulement

$$< r \sqrt[m]{n} < r + 1,$$

mais encore

$$r < \sqrt[m]{n+1} \leq r + 1;$$

car, en ajoutant 1 au dernier reste de l'extraction $\overset{m}{\sqrt{n}}$, comme ce reste est toujours moindre que $(r+1)^m - r^m$, il pourra par l'addition de 1, devenir tout au plus égal à cette différence, auquel cas $\overset{m}{\sqrt{n+1}} = r+1$. Les extractions successives faites sur le nombre N donnent donc lieu aux relations

$$A < \overset{3}{\sqrt{N}} < A + 1, \qquad A < \overset{3}{\sqrt{N}} < A + 1,$$
$$B < \overset{2}{\sqrt{A}} < B + 1, \qquad B < \overset{2}{\sqrt{A+1}} \underset{<}{=} B + 1,$$
$$R < \overset{5}{\sqrt{B}} < R + 1, \qquad R < \overset{5}{\sqrt{R+1}} \underset{<}{=} R + 1;$$

par conséquent, en faisant les puissances de ces nombres, on a

$$A^3 \quad < N \quad < (A + 1)^3 \qquad A^3 \quad < N \quad < (A + 1)^3,$$
$$B^{3.2} \quad < A^3 < (B + 1)^{3.2}, \qquad B^{3.2} \quad < (A + 1)^3 \underset{<}{=} (B + 1)^{3.2},$$
$$R^{3.2.5} < B^{3.2} < (R + 1)^{3.2.5}, \qquad R^{3.2.5} < (R + 1)^{3.2} \underset{<}{=} (R + 1)^{3.2.5};$$

multipliant ensemble les deux premiers membres des trois premières inégalités, puis ensemble les deux derniers membres des trois autres, on a

$$A^3 . B^{3.2} . R^{3.2.5} < N . A^3 . B^{3.2},$$
et $\quad N .(A + 1)^3 .(R + 1)^{3.2} < (A + 1)^3 (B + 1)^{3.2} (R + 1)^{3.2.5},$

ou bien

$$R^{3.2.5} < N \quad \text{et} \quad N < (R + 1)^{3.2.5};$$

ce qui donne

$$R < \overset{3.2.5}{\sqrt{N}} < R + 1.$$

La racine trentième entière du nombre N est donc R, comme il fallait le démontrer; mais il est évident que l'extraction qui fournit R ne peut fournir le reste d'extraction totale, qu'autant que toutes les extractions précédentes auraient été exactes.

FIN.

Ouvrages qui se trouvent chez [Bachelier, éditeur]

[...]

[...] SUR LA COMPOSITION DES MACHINES, par M. L. Bétancourt; 3e édition, revue, corrigée et augmentée, in-4°, avec [atlas de] 3 grandes planches, 1840. [...]

TABLES DE LOGARITHMES de Lalande, [...] in-12, stéréotype (tirage de 1840, revu et corrigé avec soin) 3 fr.

TRAITÉ ÉLÉMENTAIRE DE CALCUL DIFFÉRENTIEL ET DE CALCUL INTÉGRAL, par M. Lacroix, Membre de l'Institut, etc.; 5e édition, revue, corrigée et augmentée. [...] 9 [fr.]

THÉORIE DES ENGRENAGES, destinés à transmettre le mouvement [entre des] axes qui ne sont pas dans le même plan, par Olivier (Théodore), in-4° avec planches, 1842. [...] 10 [fr.]

TRAITÉ PRATIQUE SUR LES CHEMINS EN FER et les voitures des routes à les parcourir, principes d'après lesquels on peut évaluer leur force, leurs proportions et les dépenses annuelles qu'ils nécessitent, ainsi que leur profit; conditions à remplir pour les rendre à la fois utiles, économiques et durables. Théorie des Chariots à vapeur, des Embarcadères [...] saires et des salles où l'on emploie le gaz; leur effet utile et les frais qu'ils occasionnent. Contenant beaucoup de Tables; par Th. Tredgold. Traduit de l'anglais par T. Duverne, in-8°, 1826, fig. [...] 5 [fr.]

TRAITÉ DES MACHINES À VAPEUR ET DE LEUR APPLICATION À LA NAVIGATION, AUX MINES, AUX MANUFACTURES, etc., comprenant l'Histoire de l'invention et des perfectionnements successifs de ces machines, l'exposé de leur théorie et des proportions les plus convenables de leurs diverses parties, accompagné d'un grand nombre de tableaux synoptiques contenant les résultats les plus utiles pour la pratique; par *le même*; traduit de l'anglais, avec des Notes par Mellet, ancien élève de l'Ecole Polytechnique; 2e édition, revue et corrigée, augmentée d'UNE SECTION sur les MACHINES LOCOMOTIVES; 2 fort vol. in-4° et atlas de 25 planches, 1838. [...] 36 [fr.]

TRAITÉ ÉLÉMENTAIRE D'ASTRONOMIE PHYSIQUE, destiné à l'enseignement dans les Collèges, etc.; par M. Biot, Membre de l'Institut; 3e édit., entièrement refondue et considérab. augmentée, in-8° avec [...]

Le PREMIER VOLUME, avec un atlas de 20 planches, est EN [vente].

Le SECOND VOLUME est *sous presse.*

Sous presse:

APPLICATION DE L'ANALYSE À LA GÉOMÉTRIE, par M. Monge, Membre de l'Institut, etc.; 1 vol. in-4°, 5e édition, revue, corrigée et augmentée par M. J. Liouville, Membre de l'Académie des Sciences, etc.

COURS DE MÉCANIQUE DE L'ÉCOLE POLYTECHNIQUE, par M. Duhamel, Examinateur permanent à cette Ecole, Membre de l'Académie des Sciences, 1 vol. in-8°.

Imprimerie de BACHELIER, rue du Jardinet, 12.

www.ingramcontent.com/pod-product-compliance
Ingram Content Group UK Ltd.
Pitfield, Milton Keynes, MK11 3LW, UK
UKHW021121140726
13695UKWH00004B/1621

9 782014 033540